AF315371

Succession de M<sup>ME</sup> J***

# TRÈS BEAUX BIJOUX

## Argenterie, Dentelles, Objets de vitrine

## MOBILIER ANCIEN

D'ÉPOQUE LOUIS XV ET LOUIS XVI

## Tableaux, Bronzes, Marbres

### TAPISSERIES

Paris — 1905

# TRÈS BEAUX BIJOUX

### ARGENTERIE, DENTELLES, OBJETS DE VITRINE

## Mobilier Ancien d'époque Louis XV et Louis XVI

### TABLEAUX, BRONZES, MARBRES

*Tapisseries*

CONDITIONS DE LA VENTE

Elle sera faite au comptant.

Les acquéreurs paieront *dix pour cent* en sus des prix d'adjudication.

L'exposition mettant le public à même de se rendre compte de l'état des objets, il ne sera admis aucune réclamation une fois l'adjudication prononcée.

Paris. Imp. Georges Petit, 12, rue Godot-de-Mauroi. — 15153-05.

# CATALOGUE

DES

# TRÈS BEAUX BIJOUX

ENRICHIS DE

### Perles, Rubis, Émeraudes, Saphirs et Brillants

IMPORTANT COLLIER-RIVIÈRE DE 67 BRILLANTS

Collier d'un rang de quarante-quatre perles

## DENTELLES, ÉVENTAILS, ARGENTERIE

## MOBILIER ANCIEN

D'ÉPOQUE XVIIIᵉ SIÈCLE

Meuble de Salon en tapisserie d'Aubusson du temps de Louis XVI

JOLI BUREAU DE DAME DE MÊME ÉPOQUE

## MEUBLES DE STYLE

# TABLEAUX ANCIENS ET MODERNES

### Aquarelles, Gouaches, Dessins

PAR

BERCHEM, DEMARNE, JAPY, LAMI, DE PENNE, TIEPOLO

WASHINGTON, WOUWERMANS (PH.), ETC., ETC.

## TAPISSERIES

TENTURES ET ÉTOFFES

## Dépendant de la Succession de Mᵐᵉ J***

ET DONT LA VENTE, APRÈS DÉCÈS, AURA LIEU

# HOTEL DROUOT, SALLES Nᵒˢ 9 & 10 RÉUNIES

### Les Lundi 27 et Mardi 28 Février, Mercredi 1ᵉʳ et Jeudi 2 Mars 1905

A DEUX HEURES

---

COMMISSAIRE-PRISEUR

## Mᵉ F. LAIR-DUBREUIL

6, rue de Hanovre, 6

EXPERTS

*Pour les Bijoux et les Objets d'art*

## M. A. BLOCHE

51, rue Saint-Georges, 51

*Pour les Tableaux :*

## M. G. SORTAIS

4, rue Mogador, 4

## EXPOSITIONS

PARTICULIÈRE : *Le Samedi 25 Février 1905, de 2 heures à 6 heures.*

PUBLIQUE : *Le Dimanche 26 Février 1905, de 2 heures à 6 heures.*

# ORDRE DES VACATIONS

# DÉSIGNATION DES OBJETS

## BIJOUX

1 — Très beau collier rivière, composé de soixante-sept brillants montés en chute à griffes, avec double rang sur le corsage.
*38.200*
*Rocken*

2 — Beau collier d'un rang de quarante-quatre perles avec fermoir turquoise entouré de dix brillants et attaché par deux œillets en brillants (poids des perles avec les œillets, 693 grains).
*41.600*

3 — Paire de grandes boucles d'oreilles, composées chacune d'une perle grise entourée de dix brillants.
*2.975*

4 — Paire de boucles d'oreilles, gros brillants solitaires montés à griffes.
*8.000*

5 — Deux gros brillants solitaires montés à griffes pouvant former boutons d'oreilles, ou accompagner les boucles d'oreilles précédentes pour former broche barrette dont la monture est jointe à ce lot.
*5.500*

6 — Paire de boucles d'oreilles formées de deux beaux saphirs rectangulaires entourés chacun de douze brillants.
*1.885*

7 — Paire de boucles d'oreilles, forme fer à cheval, composées chacune de quatorze brillants.
*1.120*

8 — Broche, forme trèfle, composée de trois grosses perles, blanche, grise et noire, entourées de brillants.
*2.455*

1.500

9 — BROCHE, forme papillon, composée de trois gros saphirs, de rubis et de brillants.

2.530

10 — BROCHE FER A CHEVAL à double rang de brillants, enrichie d'un pendentif formé d'une grosse perle grise poire et de deux rangs de brillants et de roses.

2.800

11 — BROCHE CROISSANT, composée de brillants montés en chutes.

250

12 — BROCHE, forme fer à cheval, en or mat, enrichie d'une émeraude, d'un rubis, de deux brillants, de deux saphirs et un œil de chat.

735

13 — BROCHE, forme couronne, en émeraudes, rubis, perles et roses.

1.410

14 — BAGUE, composée d'un gros brillant jonquille entouré de douze brillants blancs.

1.125

15 — BAGUE MARQUISE, composée de 23 brillants.

495

16 — BAGUE composée d'une émeraude entourée de douze brillants.

885

17 — BRACELET-GOURMETTE en or rouge, enrichi de quatre chatons en brillants, trois en rubis et trois en saphirs.

670

18 — BRACELET-CHAINE en or, enrichi de six émeraudes et de petits pavés en rubis et diamants.

171

19 — BRACELET-CHAINE gourmette en or, avec chaton grenat cabochon entouré de roses.

100

20 — BRACELET-GOURMETTE or mat, enrichi d'un rubis et d'un saphir.

153

21 — BRACELET porte-bonheur, enrichi de deux rangs de roses.

185

22 — BRACELET porte-bonheur en or, enrichi d'une perle entourée de roses et le corps du bracelet à moitié orné de roses.

23 — Bracelet forme serpent en or mat, la tête enrichie d'un brillant.

24 — Bracelet-jonc en or mat, avec porte-veine tout en diamants.

25 — Bracelet mi-jonc en or mat, enrichi d'un œil-de-chat et de six brillants.

26 — Bracelet mi-jonc en or mat enrichi de six brillants.

27 — Bracelet mi-jonc en or mat, avec tête de lion enrichi d'une perle blanche.

28 — Bracelet modèle serpent enroulé en or mat.

29 — Bracelet-chaine en or mat, avec montre forme sphérique montée en pendentif.

30 — Deux bracelets-gourmettes en or.

31 — Bracelet en or et filigrané style romain.

32 — Bracelet mi-jonc, or poli enrichi d'un œil de tigre.

33 — Broche, forme mouche, en œil de tigre et roses, pouvant former épingle de coiffure ou broche.

34 — Broche, forme plume, toute en roses.

35 — Broche-barrette, au nom de Marie, toute en roses ornée d'une turquoise.

36 — Broche, forme hirondelle, en or mat, enrichie de saphirs et de roses.

37 — Broche formée d'un porte-veine en or mat.

38 — Broche-barrette en or poli, avec dame de pique en émail.

39 — Bague or, avec trèfle en brillants blancs et de fantaisie.

40 — Bague or, avec brillant solitaire monté à griffes.

41 — Bague mi-jonc, or mat enrichi d'un saphir cabochon et de deux brillants.

42 — Bague-jumelle enrichie d'une perle, d'un brillant et de roses.

43 — Grosse bague en or ciselé, avec améthyste incrustée d'une initiale en roses.

44 — Cinq bagues anneaux en or.

45 — Épingle de cravate formée d'une grosse perle ronde.

46 — Épingle de cravate, forme papillon, en turquoise et roses.

47 — Épingle de cravate, forme mouche, en grenat, cabochon et rose.

48 — Épingle de cravate, forme trèfle, en perles.

49 — Épingle de cravate émail, tête vénitienne entourée de roses, monture en or.

50 — Deux épingles a chapeau en pierre de lune, montures ajourées tout en roses, avec entourages de brillants.

51 — Épingle a chapeau, modèle tortillon en or, surmontée d'un trèfle en perle.

52 — Cinq épinglettes en perles, montées en or.

53 — Deux épinglettes fer à cheval, en rubis et roses.

54 — Trois boutons de chemisette en perles blanches, montées en or.

55 — Paire de boutons de manchettes en or, avec émaux tête Florentin et de Florentine, entourés de roses.

56 — Paire de boutons de manchettes en or poli et repercé.

57 — Paire de boutons de manchettes en or mat.

58 — Boite a poudre de riz forme boule, en or, enrichie d'une couronne de perles et de roses.

59 — Miroir en or avec chiffres « N. M. » enlacés, surmontés d'une couronne toute en roses.

60 — Petit porte-or en forme de montre en or poli, avec chiffre et couronne or mat.

61 — Porte-épingle forme de seau en or repercé, renfermant neuf petites épinglettes en perles.

62 — Médaillon pendentif or et mosaïque.

63 — Parure hollandaise en or poli et filigrané composée de : deux bandeaux ; deux épingles ; deux appliques ; deux pendants d'oreilles.

64 — Boucle de ceinture en or, à coquilles.

65 — Paire de boucles d'oreilles en or, avec émaux, têtes de jeune Florentin et de jeune Florentine, entourés de roses.

66 — Pendentif forme cygne en argent doré et pierreries.

67 — Bonbonnière en or guilloché, avec la bordure en or vert. Époque Louis XVI.

68 — Crochet de montre, avec montre en or ciselé et de couleur, ornée d'émaux.

69 — Montre à double boîtier en or repoussé et ciselé. Époque Louis XV.

70 — Montre en or vert et ciselé, enrichie de grenats.

71 — Collier à guirlandes en or repercé.

72 — Chaine de cou en or.

73 — Deux petites chaines de sûreté en or.

74 — Chaine de corsage en or, avec crochet trèfle.

75 — Breloque, forme bossu, en or.

76 — Cinq bélières, enrichies de brillants et de roses.

77 — Petit peigne de poche, monté en or, et trois porte-mines en or et argent doré.

# ARGENTERIE

78 — Beau service de table en argent, bordure à filets et feuillages, de style Louis XV, composé de deux légumiers, un plat ovale, quatre plats ronds, un plat creux, un saladier et deux saucières.

79 — Service de table en argent, de style Louis XV, de la maison Veyrat. Il comprend : une louche, un service à salade, vingt-quatre grandes fourchettes, douze grandes cuillers, vingt-quatre grands couteaux, vingt-quatre cuillers à café, douze couverts à entremets, vingt-quatre couteaux à dessert dont douze à lames d'argent, une pince à sucre, un couteau à fromage, un service à découper, un service à poisson, un service à glace, une pelle à gâteaux, un service à gâteaux, deux cuillers à sauce, une truelle à poisson, une pelle à sucre, deux cuillers à compote, deux cuillers à fruits confits, un service à hors d'œuvre de quatre pièces, douze fourchettes à huîtres, douze cuillers à œufs, cinq cuillers à sel et à moutarde, et une paire de ciseaux à raisin. Contenu dans un coffre en chêne.

80 — Surtout de table, formant jardinière, en argent, bordure à rocailles, Louis XV. Travail de Boin-Taburet.

81 — Légumier avec couvercle en argent, premier Empire.

82 — DEUX CARAFONS, forme gourdes plates, en verre rouge recouvert de feuillages ajourés en vermeil.

83 — QUATRE CARAFONS en cristal, monture en argent ajouré, style Louis XV.

84 — CAFETIÈRE ET POT A CRÈME en argent repoussé, à têtes de chérubins et branchages fleuris. XVIII° siècle.

85 — SERVICE DE VOYAGE en cuir rouge, contenant une cuvette, un pot à eau, quatorze boîtes ou flacons, cinq brosses et une glace en argent gravé. Avec housse en cuir jaune.

86 — HUILIER en argent, de style Louis XV, avec burettes en cristal bleu.

87 — SIX SALIÈRES Louis XVI en argent, modèle à consoles et écussons accostés d'amours.

88 — CAFETIÈRE en argent gravé, dessin de style persan.

89 — PETITE VERSEUSE Louis XVI en argent, posant sur trois pieds.

90 — PETITE CAFETIÈRE en argent, de style mauresque.

91 — SUCRIER sur plateau, en argent repoussé, à feuillages, tête de chérubin et oiseau. Époque Louis XIII.

92 — DIX CUILLERS hollandaises en argent repoussé. XVIII° siècle.

93 — SUCRIER sur plateau, en argent, à décor gravé d'entrelacs feuillagés.

94 — TASSE A CAFÉ et sa soucoupe, en argent, style Louis XV.

95 — PLATEAU ET CARAFON, cristal blanc, monture en vermeil ajouré.

96 — DOUZE VERRES en cristal rouge, monture en vermeil ajouré.

97 — SERVICE à glace en argent artistique, de la maison Lapar.

98 — DIX COQUETIERS en argent martelé, repoussé, à branches de fleurs.

99 — DEUX SALIÈRES en argent anglais, forme fruits.

100 — GRANDE TASSE et sa soucoupe en vermeil.

101 — PETITE JARDINIÈRE ovale en argent, anses à têtes de lion, reliées par des guirlandes de laurier. Époque Louis XVI.

102 — DEUX CENDRIERS en argent repoussé, à figures d'amours. Style Louis XIII.

103 — DEUX PORTE-BOUQUETS en argent, à consoles, têtes de béliers et amours. Style Louis XVI.

104 — ENCRIER en argent anglais, forme arrosoir.

105 — DEUX FLAMBEAUX en argent. Époque Louis XIV.

106 — GARNITURE DE TOILETTE en argent, composée d'une cuvette et pot à eau, décor à figures d'enfants, écussons et feuillages, d'un bol à éponge, d'un verre et d'un autre bol.

# ARGENTURE

107 — PETIT SERVICE A THÉ en métal anglais : théière, sucrier, pot à crème et plateau.

108 — SERVICE en argenture : huilier, trois salières doubles et moutardier.

109 — PLATEAU ovale en argenture, décor gravé, bordure à perles.

110 — PLATEAU à deux anses, en argenture, décor guilloché.

111 — PLATEAU analogue.

112 — PLATEAU en cuivre, forme feuille.

113 — SERVICE A LIQUEURS en argenture, forme panier, contenant douze petits gobelets.

114 — COQUETIER, forme poule, en argenture.

115 — DEUX SEAUX A GLACE avec leurs pinces, en verre rouge, monture argentée à guirlandes de fruits.

116 — PORTE CURE-DENTS surmonté d'une figurine en argenture.

117 — SERVICE D'ENFANT en argenture.

118 — VASE DE NUIT avec couvercle en argenture.

## DENTELLES, GUIPURES

119 — DESSUS D'OMBRELLE en application.

120 — DESSUS D'OMBRELLE en point à l'aiguille.

121 — VOILE DE MARIÉE en application.

122 — BEAU VOLANT en point à l'aiguille.

Long., 7 m. 60 ; haut., 18 cent.

123 — QUATRE COUPES et deux garnitures de manches en point d'Argentan.

Long., 7 mètres : haut., 9 cent.

124 — DEUX COUPES en point à l'aiguille.

Long., 3 m. 35 ; haut., 7 cent.

125 — DEUX COUPES en point à l'aiguille.

Long., 1 m. 85 ; haut., 8 cent.

126 — COL en point à l'aiguille.

127 — COL en point à l'aiguille

128 — Deux parements en point à l'aiguille.

Long., 60 cent.

129 — Mouchoir en batiste, garni de point à l'aiguille.

130 — Quatre volants en application.

Long., 11 m. 50 ; haut., 30 cent.

131 — Volant en quatre coupes d'application.

Long., 8 m. 20 ; haut., 35 cent.

132 — Cravate en application.

133 — Trois coupes de Valenciennes.

Long., 8 m. 15 ; haut., 8 cent.

134 — Deux coupes et deux garnitures de manches en Valenciennes.

Long., 2 m. 75.

135 — Coupe de Valenciennes.

Long , 1 m. 20

136 — Cravate en Bruges.

137 — Mouchoir en dentelle de Bruges.

138 — Cinq morceaux en guipure de Venise moderne.

Long., 2 m. 65.

139 — Deux coupes en guipure d'Irlande.

Long., 2 m. 20.

140 — Six morceaux en guipure d'Irlande.

Long., 1 m. 60.

141 — Col en guipure d'Irlande.

142 — Cravate en guipure d'Irlande.

Long., 1 m. 10.

143 — Chale en broderie au passé.

144 — Quatre pièces en dentelles diverses.

145 — Volant en Chantilly

Long., 4 m. 80 ; haut., 25 cent.

146 — Étole en Chantilly.

147 — Pointe en Chantilly.

148 — Ombrelle en Chantilly.

149 — Trois barbes en Chantilly.

150 — Col et garniture de corsage en guipure.

151 — Mouchoir en batiste garni de guipure plate.

152 — Col et quatre morceaux de guipure russe.

Long. des morceaux, 4 m. 50.

153 — Coupe en dentelle de Lille

Long., 4 mètres.

154 — Volant en guipure du Puy.

Long., 3 mètres.

155 — Deux volants en broderie.

## ÉVENTAILS

156 — Éventail en nacre sculpté, feuille représentant les tireurs à l'arc. Époque Louis XV.

157 — Éventail en vernis Martin, représentant d'un côté la fille de Pharaon et de l'autre côté un paysage. Époque Louis XV.

158 — Éventail en ivoire sculpté et peint à petits amours, feuille gouachée représentant le joueur de biniou. Époque Louis XV.

159 — Éventail en ivoire, feuille en soie crème, orné de médaillons à paysages et personnages encadrés de paillettes. Époque Louis XVI.

160 — Éventail en ivoire ajouré plaqué d'or à bustes de personnages, vases et corbeilles, montants ornés de miniatures, portraits d'homme et de femme, feuille peinte à médaillons d'amours et de personnages encadrés de paillettes. Époque Louis XVI.

161 — Éventail en ivoire sculpté et relevé de peintures à petits personnages, feuille gouachée représentant des personnages assis près d'une fontaine. Époque Louis XVI.

162 — Éventail en ivoire peint, avec feuille représentant des personnages mythologiques dans un paysage. Époque Louis XVI.

163 — Éventail en ivoire sculpté et rehaussé d'or à petits personnages, feuille peinte représentant une pastorale. Époque Louis XVI.

164 — Éventail en nacre sculpté rehaussé d'or, feuille peinte représentant une pastorale. Style Louis XV.

165 — Éventail en ivoire peint, monture orientale enrichie de pierreries.

166 — Éventail en nacre, avec feuille en satin orné de médaillons peints à la gouache.

167 — Éventail en filigrane d'argent et émaillé de Chine.

168 — Éventail chinois, tout en ivoire finement sculpté et ajouré.

169 — Éventail en nacre orné d'amours, feuille en soie à médaillons de personnages encadrés de dentelle, point à l'aiguille.

170 — Éventail en écaille brune, avec chiffre et couronne en or, feuille en Chantilly noire.

# TABLEAUX
## Anciens et Modernes

---

### BERCHEM (Nicolas)

171 — *Paysannes se rendant au marché.*

Au milieu d'un paysage, deux paysannes, l'une montée sur un bœuf, l'autre debout, tenant un agneau sous son bras. Autour d'elles, un troupeau de bœufs et de chèvres.

Au second plan, à droite, une autre paysanne, entourée de son troupeau, se rend au marché.

Bois. Haut., 60 cent.; larg., 85 cent.

### COYPEL (École de)

172 — *La Toilette de Diane.*

Cadre Louis XIV en bois sculpté.

Toile. Haut., 82 cent.; larg., 1 mètre.

### COYPEL (École de)

173 — *L'Enlèvement.*

Cadre Louis XIV en bois sculpté.

Toile. Haut., 82 cent.; larg., 1 mètre.

### DEMARNE

174 — *Le Maréchal-ferrant.*

Devant une maison, au premier plan, un maréchal ferre un cheval blanc. Derrière, à droite, un cheval bai pose sa tête sur le dos de son compagnon. Une paysanne assise tend les bras à un enfant, que son mari tient en l'air. Autour d'elle, un paysan tient un second enfant qui pleure sur ses genoux. Des gamins, assis à terre, tirent la queue d'un chat. A l'arrière-plan, les bords de la mer, où se détache un voilier et, encore plus loin, un moulin à vent.

Bois. Haut., 31 cent.; larg, 39 cent.

## ÉCOLE FRANÇAISE (XVIIIᵉ siècle)

175 — *La Leçon de danse.*

Au pied de grands arbres se détachant sur un ciel bleu couvert de nuages gris, une femme, de blanc habillée, pince une guitare ; une autre, à sa gauche, bat la mesure, tandis qu'un flûtiste, à droite, souffle dans son instrument. Devant lui, un gamin joue du tambour de basque. A gauche, au premier plan, une fillette danse.

Signé en bas et à gauche, illisiblement.

Toile. Haut., 44 cent.; larg., 37 cent.

## ÉCOLE FRANÇAISE (XVIIIᵉ siècle)

176 — *Tête de petite fille.*

Bois. Haut., 27 cent.; larg., 21 cent.

## ÉCOLE HOLLANDAISE (XVIIᵉ siècle)

177 — *Moïse sauvé des eaux.*

Bois. Haut., 1 m. 10 ; larg., 75 cent.

## ÉCOLE ITALIENNE

178 — *L'Heureuse famille.*

Bois de forme ronde. Diamètre, 30 cent.

## FAURETTO

179 — *Deux gamins jouant au soleil.*

Signé et daté en bas, à droite.

Bois. Haut., 20 cent.; larg., 25 cent.

## FRÈRE (Théodore)

180 — *Village d'Orient.*

Signé en bas, à gauche, et daté : *1857.*

Bois. Haut., 20 cent.; larg., 26 cent.

## GRIMOUX (École de)

181 — *La Jeune cuisinière.*

Toile. Haut., 92 cent.; larg., 72 cent.

## GUDIN

182 — *Lever de soleil, près Copenhague.*

Toile. Haut., 27 cent. ; larg., 37 cent.

## JAPY

183 — *Pommiers en fleurs au bord d'une rivière.*

Signé et daté en bas, à droite.

Toile. Haut., 82 cent. ; larg., 1 mètre.

## LENGO

184 — *Le Pigeon pris au piège.*

Signé en bas, à gauche.

Toile. Haut., 73 cent. ; larg., 52 cent.

## LHOTELICH

185 — *Vue de Suisse.*

Signé en bas, à droite.

Toile. Haut., 1 m. 10 ; larg., 1 m. 55.

## PAJETTA

DEUX PENDANTS

186 — *Jeune Italien endormi au soleil.*

187 — *Petite fille dans la cour ensoleillée d'une maison.*

Signés en bas, à droite.

Bois. Haut., 29 cent ; larg., 20 cent.

## PIAZETTA

DEUX PENDANTS

188 — *La Leçon de lecture.*

189 — *La Leçon de géographie.*

Bois. Haut., 30 cent.; larg., 42 cent.

## QUÉRENA

DEUX PENDANTS

190 — *Le Lido.*

Signé en bas, à droite.

191 — *Bateaux de pêche, près Venise.*

Bois. Haut., 16 cent.; larg., 13 cent.

## SIMONETTI

192 — *Un âne au pied d'un escalier ensoleillé, à Rome.*

Signé à gauche, en bas.

Bois. Haut., 27 cent.; larg., 10 cent.

## SIMONETTI (Genre de)

193 — *Marché en Italie.*

Toile. Haut., 10 cent. larg., 30 cent.

## TÉNIERS (Genre de)

194 — *Buveurs.*

Toile. Haut., 20 cent.; larg., 24 cent.

## TÉNIERS (Genre de)

195 — *Le Concert.*

Bois. Haut., 20 cent.; larg., 16 cent.

## VOLLENHOVE

196 — *Le Séducteur.*

Signé en bas, à gauche.

Bois. Haut., 25 cent. ; larg., 25 cent.

## WASHINGTON

197 — *L'Oasis.*

Signé en bas, à gauche.

Toile. Haut.. 92 cent.; larg.. 1 m. 10.

## WOUWERMANS (Philippe)

198 — *Halte de cavaliers.*

Devant une auberge, un cavalier a mis pied à terre derrière son cheval blanc; un officier portant cuirasse tire en l'air un coup de pistolet; un autre cavalier, vers la droite, souffle dans sa trompette.

A gauche et au centre, une amazone et un cavalier contemplent les bords riants d'un cours d'eau; sur les bords de la rive, un homme donne des ordres.

Sur l'autre rive, à gauche, un tertre à pic, au sommet duquel on aperçoit un château se détachant sur un ciel à gros nuages gris.

Toile. Haut., 36 cent.; larg., 50 cent.

# AQUARELLES
## Gouaches et Dessins

---

### ALLONGÉ

**199 — *La Seine, à Seine-Port.***

Importante aquarelle.
Signée en bas, à gauche.

### ALLONGÉ

**200 — *Bords de rivière.***

Importante aquarelle.
Signée et datée : *1881.*

### ALLONGÉ

**201 — *Bords de rivière.***

Fusain.
Signé en bas, à gauche.

### ALLONGÉ

**202 — *Une Saulaie.***

Fusain.
Signé en bas, à gauche.

### BELLANGÉ (Hippolyte)

**203 — *La Tente de l'Empereur.***

Grenadier en faction près de la tente de l'empereur.
Aquarelle.
Signée en bas, à gauche.

### BELLY

**204 — *Halte dans le désert.***

Aquarelle.

## BERTALL

205 — *Le Mastroquet*.

    Aquarelle.

    Signée en bas, à droite.

## BLARENBERG (Attribué à Van)

206 — *Scène pastorale*.

    Gouache.

## BREUGHEL (Attribué à)

207 — *Le Repos champêtre*.

    Gouache.

    Cadre bois sculpté.

## CHAM

208 — *Scène de bal masqué*.

    Aquarelle.

    Signée en bas, à droite.

## CONDAMY

209 — *Portrait d'un petit terrier anglais*.

    Aquarelle.

    Signée et datée en bas, à droite.

## ÉCOLE FRANÇAISE (XVIIIe siècle)

210 — *La Famille des Bourbons d'Espagne*.

    Gouache sur vélin.

## FAURETTO

211 — *L'Atelier du peintre, à Venise*.

    Aquarelle.

    Signée et datée en bas, à droite.

## FAURETTO

212 — *La Ravaudeuse italienne.*

Aquarelle.

Signée en bas, à droite.

## GAVARNI

213 — *Une Ballerine.*

Aquarelle.

Signée en bas.

## JORDAENS (D'après)

214 — *Fête flamande.*

Dessin rehaussé d'aquarelle.

## LAMI (Eugène)

215 — *Le Rendez-vous galant.*

Aquarelle.

Signée à gauche.

## PENNE (Olivier de)

216 — *Meute de chiens courants, au pied d'un arbre, dans la forêt de Fontainebleau.*

Effet d'hiver.

Aquarelle.

Signée en bas, à droite.

## PICARD (Georges)

217 — *Jeune femme en robe japonaise, modelant une tête d'enfant.*

Aquarelle.

Signée en bas, à droite.

## TIEPOLO (Domenico)

218 — *La Nativité.*

Dessin à la sépia.

Signé à gauche, en bas.

# PORCELAINES, FAÏENCES

219 — SERVICE en ancienne porcelaine de Saxe, décor en camaïeu rose à groupes de petits personnages dans des paysages, composé d'une chocolatière, d'une théière, d'un pot à crème, d'un sucrier, d'un flacon à thé et neuf tasses avec leurs soucoupes.

220 — THÉIÈRE ET SUCRIER en ancienne porcelaine de Saxe, décor à bouquets de fleurs.

221 — POT A CRÈME en ancienne porcelaine de Saxe, fond gaufré, décor à bouquets de fleurs.

222 — GRANDE ET BELLE STATUETTE en ancienne porcelaine de Saxe : allégorie de l'Automne, sur terrassement en bronze à rocailles.

223 — BOL ET SOUCOUPE en ancienne porcelaine de Saxe, décor à figures de paysans et de fumeurs dans des paysages, bordure à filets d'or.

224 — DEUX PETITS CACHEPOTS en ancienne porcelaine de Chine, décor en bleu à entrelacs fleuris.

225 — CASSOLETTE en ancienne porcelaine de Chine de la famille verte, décor à fleurs.

226 — PAIRE DE VASES en faïence espagnole, décor à paysages en polychrome.

227 — PAIRE DE VASES en porcelaine cloisonnée du Japon, décor fond bleu.

228 — JARDINIÈRE forme corbeille sur plateau, en ancienne terre blanche de Sèvres.

229 — PLATEAU ovale à bordure ajourée en porcelaine de Saxe, décor à personnages.

230 — Coupe forme fleur en céramique flambée de Hongrie.

231 — Coupe sur pied en porcelaine de Sèvres, décor fond gris bleu à dessins dorés.

232 — Paire de vases en porcelaine de Sèvres, décor fond gris bleu à dessins dorés.

233 — Deux chimères en furie, grès émaillé de Chine.

234 — Fontaine en ancienne faïence de Rouen, décor polychrome à guirlande de fleurs.

235 — Vase en faïence de Deck, à panse aplatie, décor dans le goût japonais, représentant des oiseaux et des ibis dans des paysages.

236 — Plat en faïence de Rhodes, décor à fleurs.

237 — Petit plat en ancienne faïence hispano-mauresque à reflets métalliques.

238 — Deux petits vases sur pieds en porcelaine ancienne de Paris, décor à semis et guirlandes de fleurs.

239 — Deux jardinières en porcelaine du Japon, décor en bleu.

240 — Soupière ovale avec couvercle en ancienne faïence de Marseille.

241 — Deux vases en ancienne porcelaine de Paris, fond bleu turquoise rehaussé d'or, ornés de médaillons à groupes allégoriques.

242 — Six assiettes en porcelaine de Le Rosey, représentant des sujets champêtres.

243 — Service en porcelaine de Sèvres, composé : d'une théière, un sucrier, un pot à crème, six tasses avec soucoupes, décor gros bleu à rehauts d'or.

244 — GROUPE de cinq figures, personnages en costumes
Louis XVI, attablés, en porcelaine genre Saxe.

245 — PANIER fleuri, décor en relief, en porcelaine de Paris.

246 — CINQ ASSIETTES en ancienne porcelaine du Japon, décor
bleu, rouge et or.

247 — SIX ASSIETTES en porcelaine de Le Rosey, représentant
des portraits historiques et des petites têtes d'après
Greuze.

248 — DEUX PORTE-BOUQUETS forme ovoïde, décor à sujets,
d'après Téniers.

249 — QUATRE FIGURINES, les signes du zodiaque, en porcelaine
de Paris.

250 — SIX TASSES ET SIX SOUCOUPES, forme côtelée et dentelée,
en ancienne porcelaine de Chine de la famille rose, décor
à fleurs.

251 — TASSE trembleuse avec couvercle, en porcelaine de
Tournai genre Sèvres, fond gros bleu rehaussé d'or,
médaillon à figures et trophée d'attributs champêtres.

252 — TROIS TASSES AVEC SOUCOUPES, en ancienne porcelaine de
Saxe, décor à bouquets de fleurs.

253 — DEUX TASSES AVEC SOUCOUPES, en ancienne porcelaine
de Mayence, décor à bouquets de fleurs.

254 — CHOCOLATIÈRE en ancienne porcelaine de Saxe, forme
côtelée, décor à bouquets de fleurs.

255 — THÉIÈRE, CINQ TASSES ET CINQ SOUCOUPES, en ancienne
porcelaine de Kronenburg, à bords gaufrés, décor bouquets
de fleurs.

256 — GROUPE en ancienne porcelaine de Berlin : l'Amour
et Psyché.

257 — PAIRE DE PETITS CORNETS en faïence hispano-arabe à reflets métalliques.

258 — DEUX BOLS en ancienne porcelaine de Chine, décor en bleu, rouge et or.

259 — PLAT ROND de Chine, décor au vase fleuri.

260 — DEUX PLATS en faïence, décor à paysages boisés, avec figures.

261 — PLAT en porcelaine du Japon, décor au poisson en bleu sur blanc.

262 — PLAT en porcelaine, décor à cavalier, bordure à rubans.

263 — SERVICE A BIÈRE en faïence de Blois, décorée de personnages.

264 — TROIS PLATS en porcelaine du Japon, décor polychrome et or.

265 — PLAT en porcelaine du Japon, décor à volatiles dans un paysage.

266 — TROIS JARDINIÈRES à quatre faces en porcelaine d'Allemagne, décor à fleurs sur fond gaufré.

## BRONZES, MARBRES, TERRES CUITES

267 — PENDULE en bronze ciselé et doré, représentant Vénus endormie sur un lit de repos, à l'abri d'une draperie enveloppant en partie le mouvement. Cette draperie est soulevée par un enfant qui découvre deux colombes se becquetant. Le mouvement est couronné par l'Amour qui tient dans sa main gauche une couronne de fleurs. Cadran signé : *Amant*. Époque Louis XVI.

268 — PENDULE en bronze ciselé et doré, à figure de femme accoudée sur le mouvement, tenant un miroir de la main droite et un serpent de la main gauche, socle en bois noir orné de bronzes. Époque Louis XVI.

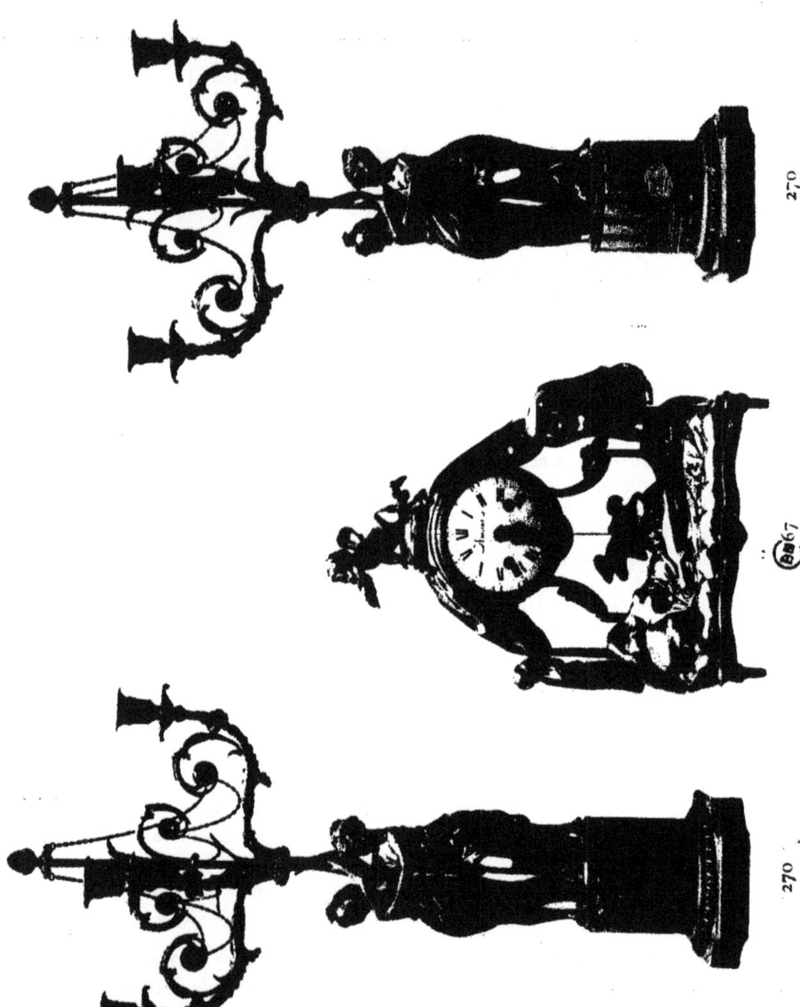
270
8867
270

269 — PETITE PENDULE DE BUREAU en bronze ciselé et doré en
forme de lanterne, ornée de rosaces, cadran signé: *Kœnner
à Brucksall*. Époque Louis XVI.

270 — PAIRE DE CANDÉLABRES en bronze doré, formés de groupes
de nymphes drapées, le front ceint de lauriers et de fleurs,
de Falconnet, portant des bouquets à trois lumières formées de thyrses et de rinceaux feuillagés, montés sur fûts
de colonnes cannelées en marbre blanc avec moulures à
feuilles d'acanthe et grains de raisin. Époque Louis XVI.

271 — PAIRE DE FLAMBEAUX en bronze finement ciselé et doré,
forme autels avec pieds à mascarons et enguirlandés de
fleurs, socles en marbre blanc. Époque Louis XVI.

272 — DEUX PETITES CASSOLETTES formant flambeaux en bronze
doré, modèle vase enguirlandé, avec couvercle flammé.
Époque Louis XVI.

273 — PAIRE D'APPLIQUES à deux lumières en bronze ciselé et
doré, forme gaines surmontées de cassolettes. Époque
Louis XVI.

274 — PAIRE DE CHENETS à cariatides de femmes aux turbans
en bronze doré. Époque Louis XIV.

275 — SURTOUT DE TABLE de style Louis XV, en bronze ciselé
et argenté, composé d'une jardinière ornée d'écussons,
coquilles et guirlandes de fleurs, bordure à treillages
ajourés, et de deux candélabres à dix lumières offrant,
dans le bas, sous des volutes feuillagées, des figurines
d'enfants dansant et sonnant de la trompe.

276 — PETIT CARTEL Louis XV en bronze doré à rocailles.

277 — GARNITURE DE CHEMINÉE en bronze ciselé et doré, composée d'une pendule monumentale à cariatides de femmes,
surmontée d'un vase enguirlandé et de deux candélabres
à six branches de lumière style Louis XIV.

278 — GARNITURE DE FOYER en bronze poli, représentant des
cariatides de femmes ailées sur de grands ornements
enroulés et enguirlandés, style Renaissance.

279 — GROUPE en bronze, Maternité, de *Dubois* ; édition de *Barbedienne*, socle en marbre noir.

280 — PETIT GROUPE en bronze, Rien ! de *Clesinger*.

281 — PETITE STATUETTE en bronze, à patine claire, Diane, de *Rancoulet*.

282 — STATUETTE en bronze à patine frottée d'or, Suzanne au bain, signée : *Mathurin Moreau*.

283 — BUSTE de jeune fille, en bronze : Pensive, signé : *Caussé*.

284 — IBIS en bronze polychromé.

285 — COUPE sur piédouche en bronze doré et argenté, offrant, à l'intérieur, des groupes et des figurines de personnages mythologiques.

286 — GRANDE CORNE, montée en bronze ciselé, doré et argenté, frise à grappes de vigne offrant, dans le haut, une figurine de reître, et supportée par une statuette de Bacchus en bronze argenté, posant sur un socle en marbre noir.

287 — AIGUIÈRE ET SON PLATEAU, en bronze ciselé, doré et argenté, d'après Briot.

288 — BAROMÈTRE en bronze partie dorée, nègre tenant une harpe.

289 — VASE en bronze du Japon, décor en relief à fleurs et volatiles.

290 — VASE en bronze du Japon, décor en relief à personnages au milieu de nuages, supporté par trois enfants accroupis, couvercle surmonté d'une figurine.

291 — PAIRE DE TORCHÈRES à six lumières, en bronze du Japon, tiges à dragons enroulés posant sur trois pieds à têtes d'éléphants.

292 — DEUX JARDINIÈRES en bronze du Japon, décor à personnages en relief.

293 — **Grand groupe** en ancien bronze de Chine, représentant un éléphant accroupi supportant une pagode.

294 — **Paire de grands landiers** de style Renaissance, en fer forgé, formés par des gaines, ornées dans le bas de volutes, et surmontées de boules à feuillages découpés.

295 — **Paire de flambeaux** en bronze niellé de style japonais.

296 — **Lanterne persane**, en cuivre ajouré, disposée pour le gaz.

297 — **Paire de candélabres** en bronze noir et bronze argenté à figures de nègre et de négresses.

298 — **Suspension** en cuivre de Gagneau.

299 — **Lustre** en bronze doré garni de plaquettes et de pendeloques de fleurs en cristal taillé. Époque Louis XV.

300 — **Lustre** en bronze doré, à dix-huit lumières, orné de pendeloques et de boules facetées.

301 — **Jolie statue** en marbre, représentant Phœbé, de *S. Denecheau*. Signée et datée : *1878*. Montée sur socle en marbre vert de mer.

302 — **Groupe** en marbre : l'Amour désarmé, de *Carrier-Belleuse*. Socle en marbre rouge. Sur gaine couverte de panne.

303 — **Statuette** en terre cuite : le Joueur de guitare, signée *Matteis*.

304 — **Groupe** en terre cuite : le Grand frère et la Petite sœur.

## OBJETS VARIÉS

305 — **Tam-tam** surmonté d'un coq, et posant sur un support en émail cloisonné de Chine, décor à fleurs et branchages sur fond bleu turquoise.

306 — Garniture de bureau en bronze doré, incrusté de tur-
quoises et de camées, composé d'un buvard, d'un coffret,
de deux flambeaux, d'un encrier, d'une sonnette, d'un
porte-allumettes, d'un bougeoir, d'une pendule, d'une
coupe à poudre à sécher, d'un plumier, d'un presse-papier,
d'un coupe-papier et d'un cachet.

307 — Paire de lampes, formées par des cornets en Satsuma,
décor très fin à fleurs, papillons et volatiles, en émaux de
couleurs sur fond craquelé, monture en bronze fumé et
frotté dans le goût chinois.

308 — Très grand plat en porcelaine laquée du Japon, décor
de paysage, sur table-support en bois noir sculpté, à têtes
d'éléphants.

309 — Dame-jeanne en verre, décorée de fleurs peintes.

310 — Jardinière Louis XIII en cuivre rouge, à godrons et
têtes de lions.

311 — Petite coupe en cloisonné, représentant un oiseau per-
ché sur un arbre fleuri.

312 — Deux divinités en pierre de lard sculptée de Chine.

313 — Petit brûle-parfums, forme fontaine, en bronze doré.

314 — Deux cendriers en bronze : trèfle à quatre feuilles et
tête de Pierrot.

315 — Plat en cuivre, à l'effigie de François Ier.

316 — Petite coupe en verre opalin, montée en cuivre.

317 — Petit porte-bouquet en bronze doré, et découpé à jour,
du Tonkin.

318 — Cruche à anse et à deux goulots, en grès flammé, décor
irisé.

319 — Plateau en étain ciselé : la Sirène, signé : *Foretan*.

320 — Étui en cuivre doré, enrichi de cailloux d'Égypte Époque Louis XV.

321 — Chatelaine en cuivre doré et ciselé. Époque Louis XV.

322 — Petit étui en or guilloché et ciselé, formant cachet. Style Louis XVI.

323 — Bonbonnière en ancien émail de Saxe, décor par compartiments à petits personnages chinois.

324 — Coffret en argent repoussé Louis XIII, avec couvercle en porcelaine, décoré extérieurement et intérieurement de groupes de personnages.

325 — Cachet en bronze doré : la Femme acrobate, de *Carlier*, édition *Marnyhac*.

326 — Petit cadre ovale, avec fronton à trophée et colombes en argent.

327 — Couvert de trois pièces, en filigrane d'argent, dans un écrin en cuir gravé et doré. xviie siècle.

328 — Deux grands boutons en argent. xviiie siècle.

329 — Petit flacon a odeur, forme chien, en porcelaine de Saxe.

330 — Flacon a sels en cristal, fermoir or à tête de chien et perles.

331 — Flacon a odeur en porcelaine, décoré.

332 — Flacon a sels en argent ciselé, à branchages.

333 — Manche d'ombrelle en fer damasquiné d'or de Tolède.

334 — Deux petits groupes de personnages et un masque en ivoire japonais.

335 — Petit cachet en agate, surmonté d'un groupe en argent.

336 — Bonbonnière ronde, en écaille blonde incrustée d'or et d'argent, à trophées. Époque Louis XVI.

337 — Médaillon et deux pendants d'oreilles, en onyx enrichi de pierreries.

338 — Petite peinture ovale sur marbre : portrait de femme, coiffée d'un chapeau à plumes rouges.

339 — Miniature ovale, représentant une jeune femme couchée, presque nue, dans la manière de Charlier.

340 — Miniature, représentant les Divertissements champêtres d'après Lancret. Cadre en cuivre.

341 — Deux coiffures hollandaise, une en argent, une en cuivre doré.

342 — Ceinture et bracelet orientaux, en cuivre, ornés de pierreries.

343 — Modèle de gondole vénitienne, formant encrier en métal.

344 — Tabatière en acier et fer ciselé. Premier Empire.

345 — Agrafe en argent ajouré de style Louis XIV.

346 — Deux petites cassolettes et étui, forme poisson, en argent.

347 — Petite gondole vénitienne en filigrane d'argent.

348 — Quatre boutons de costume en porcelaine.

349 — Quatre autres boutons en nacre.

350 — Bourse, cotte de mailles en argent.

351 — Médaille en argent doré, datée de : 1758.

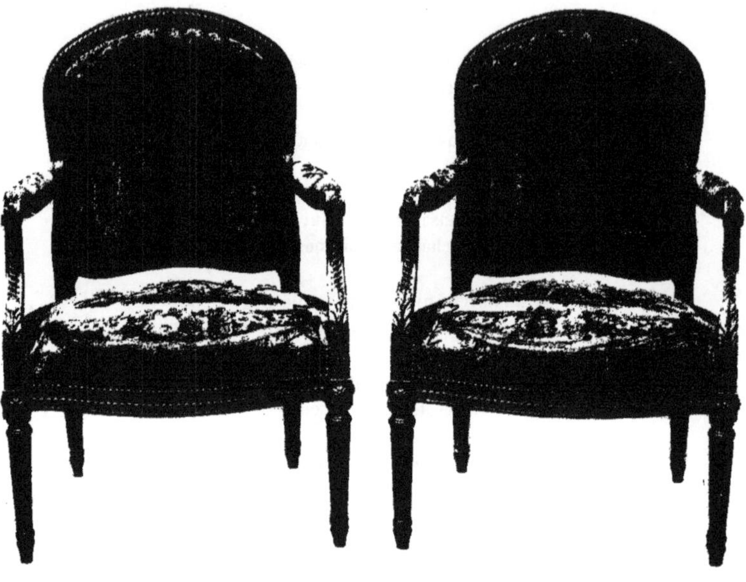
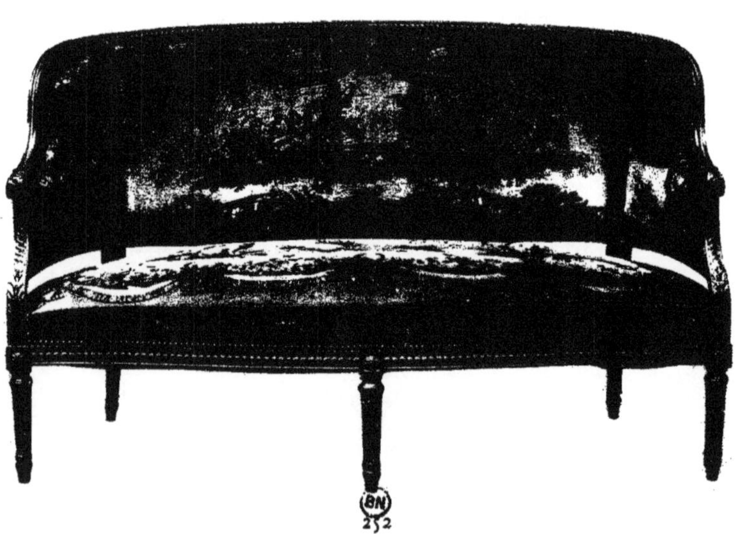

## MEUBLES, SIÈGES

352 — TRÈS BEAU MEUBLE DE SALON en ancienne tapisserie
d'Aubusson du temps de Louis XVI, composé d'un
canapé et de six fauteuils.

Les dossiers des fauteuils offrent des compositions à
petits personnages, inspirées de Boucher et de Huet. Ils
représentent : la petite Bouquetière, la Fileuse, la Ber-
gère et son chien, le Petit Jardinier, le Joueur de flûte et
le Montreur de lanterne magique. Sur les sièges, des allé-
gories aux fables de La Fontaine, d'après les cartons
d'Oudry.

Le canapé représente : le Retour de la chasse, où des
nymphes drapées portent le cerf mort. Elles sont précé-
dées d'une joueuse de triangle, d'amours sonnant du cor
et de chiens aboyant. Les accotoirs et les joues offrent à
l'intérieur et à l'extérieur des médaillons à bouquets de
fleurs.

Ces charmantes compositions, d'une harmonie de tons
parfaite, se dessinent dans des médaillons à fond blanc,
abrités sous des draperies roses à franges et glands
d'or enguirlandés de fleurs, se détachant sur un contre-
fond vert d'eau. Les bois sculptés et dorés, dessins à
rubans enroulés, avec montants à feuillages, pieds can-
nelés de style Louis XVI, avaient été exécutés par la
maison *Poirier et Rémon*.

353 — TRÈS JOLI PETIT BUREAU de dame, pieds à contours, le
dessus surmonté d'un corps à trois tiroirs, tout en marqueterie de bois satiné, offrant des médaillons à bouquets
de fleurs aux tons naturels, garnis de bronzes ciselés et
dorés, dessus en marbre brocatelle d'Espagne, entouré
d'une petite balustrade en cuivre. Signé : *Bez*. Époque
Louis XVI.

354 — COMMODE en marqueterie de bois naturel, dessin à trophée de musique, draperies et bouquets de fleurs, entrées
de serrure, poignées, chutes et bas en bronze doré, dessus
en marbre blanc veiné. Époque Louis XVI.

355 — MEUBLE-VITRINE en bois de rose et marqueterie, avec
médaillons à bouquet de fleurs, frise sculptée et dorée.
Époque Louis XVI.

356 — LIT DE REPOS en bois sculpté, peint blanc, à filets verts.
Époque Louis XVI.

357 — PETITE TABLE ovale en bois de rose, dessus en marbre
brèche d'Alep et galerie de cuivre ajouré. Époque
Louis XVI.

358 — CHAISE A PORTEURS en bois sculpté, peint et doré, à
figures d'enfants au milieu d'encadrements à rocailles.
Époque Louis XV.

359 — BELLE ENCOIGNURE à hauteur d'appui, de forme bombée,
en laque fond noir, dessins à paysages chinois à rehauts
d'or. Richement encadrée de rocailles, garnie de chutes et
d'appliques en bronze ciselé et doré, dessus en marbre
brèche d'Alep. Époque Louis XV.

360 — PETITE TABLE en bois de violette et de palissandre, avec
tablette pour écrire et formant pupitre articulé à la Tron-
chin, tiroir à compartiments pour l'encrier, la poudrière,
etc. Époque Louis XV.

361 — TABOURET de pied en bois sculpté et doré, dessin à fleurs
et rocailles, couvert en ancien satin rose broché à fleurs.
Époque Louis XV.

362 — DEUX PETITES CHAISES, dossiers à médaillons, en bois
sculpté et doré, dessins à fleurs et jonc palmé, foncées de
canne dorée, xviiie siècle, avec coussins en soierie blanche
brochée à fleurs.

363 — ÉCRAN en bois sculpté, fronton à coquille, panneau en
ancienne tapisserie, représentant un trophée de sceptres
dans une couronne, au milieu de fleurs et d'ornements.
Époque Louis XIV.

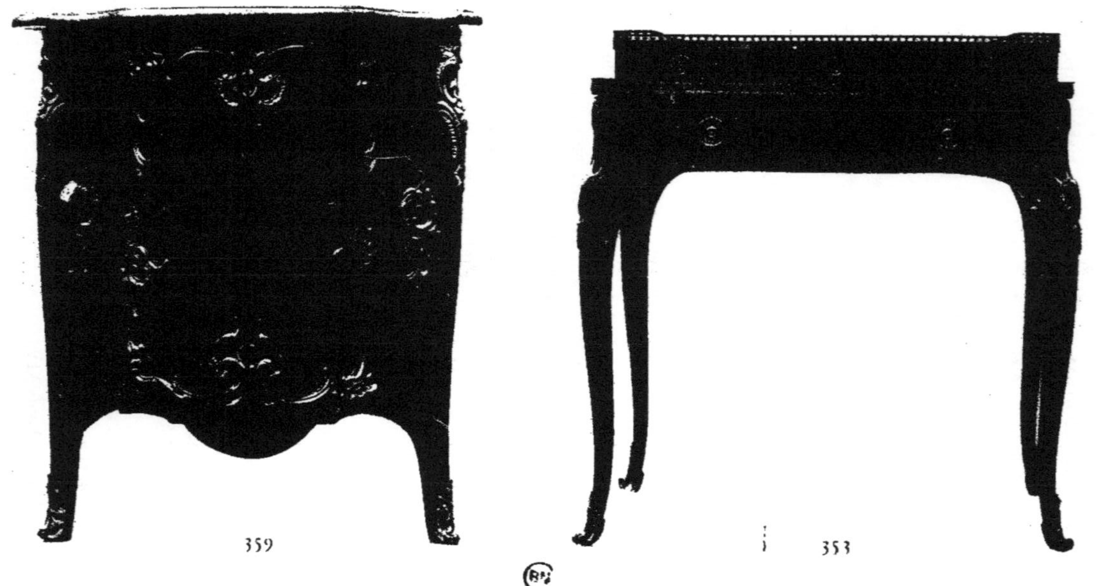

359

353

364 — Banquette en bois sculpté et doré de style Louis XVI, foncée de canne dorée, avec coussin couvert en tapisserie au petit point, fond vert d'eau, à quadrillés de fleurs.

365 — Vitrine basse toute en glaces biseautées, cage en bois sculpté rehaussé d'or, style xviiie siècle.

366 — Grande cheminée monumentale en bois sculpté, supportée par des gaines avec chapiteaux, bandeau à écusson, aigles et arabesques, trumeau à fronton supporté par des colonnes, avec le portrait du Titien en mosaïque. Style Renaissance.

367 — Grand dressoir-vaisselier en bois sculpté, d'aspect monumental, fronton à voussures, supporté par des colonnes. Style Renaissance.

368 — Table-bureau à développement en noyer sculpté, piètement à colonnettes. Style Renaissance.

369 — Ameublement de petit salon, composé d'un canapé, deux fauteuils et deux chaises, recouvert en étoffe armurée bleu, orné de broderie japonaise à fleurs et personnage en soie polychrome.

370 — Paravent à trois feuilles gainées d'étoffe bleue.

371 — Écran en bambou, feuille en soie jaune, orné d'une broderie japonaise représentant un coq au milieu de branchages fleuris.

372 — Paravent à quatre feuilles en étoffe rouge, brodé de soies et d'or, dessin aux chimères. Travail chinois.

373 — Table-rectangulaire avec tablette d'entrejambe entièrement recouverte de soierie brochée bleu pâle, encadrée d'ancienne broderie de soie, dessin à guirlandes de fleurs et de feuillages.

374 — Socle en bois noir sculpté et ajouré, dans le goût chinois.

375 — Écran avec panneau en tapisserie au point, représentant des joueurs de cartes en costumes du Moyen-Age ; monture gainée de velours vert et cloutée de cuivre.

376 — Meuble-cabinet en bois des îles sculpté et ajouré, panneaux ornés d'incrustations de nacre et de burgau, offrant des personnages dans des paysages. Travail du Tonkin.

377 — Encoignures à étagères, en bois laqué, dessin à feuillages.

378 — Cabinet hispano-arabe, ornée de ferrures et rosaces en fer forgé, découpé et doré sur un fond de velours rouge, posant sur un scriban à colonnettes torses.

379 — Table pliante formée d'un plateau en laque du Japon, décor à volatiles en rehaut d'or.

380 — Paravent en noyer sculpté s'ouvrant à cinq feuilles, garni en satin brodé du Japon, offrant, sur un fond jaune, des fleurs, des cages d'oiseaux et des oiseaux posés sur des arbustes fleuris.

381 — Glace avec cadre en verre de Venise gravé et fleurs en relief.

382 — Grande armoire italienne à glace biseautée, en bois noir marqueté d'écaille rouge et d'ivoire à figures de femmes dansant et motifs raphaëlesques.

383 — Bureau bonheur-du-jour, de même travail.

384 — Deux banquettes en bois sculpté, dossiers à figures d'enfants et têtes de lions.

385 — Deux supports en bois sculpté, peints noirs, nègres accroupis.

386 — Six escabeaux italiens, en bois sculpté, à cariatides d'hommes ailés.

387 — Deux statues de nègres, en bois sculpté, formant présentoirs ou supports.

388 — Piano à queue, en palissandre, de Pleyel.

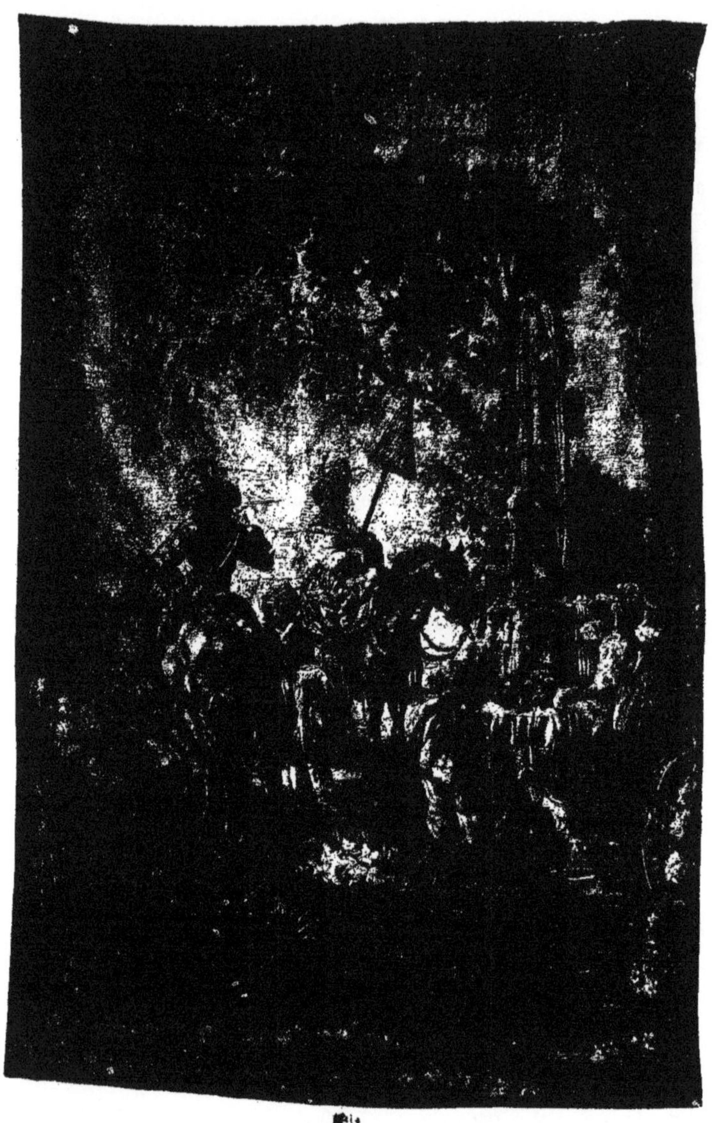

# TAPISSERIES
## Tentures — Étoffes.

389 — Deux jolies tapisseries d'Aubusson, représentant le Départ pour la chasse et le Retour au foyer, compositions inspirées de Philippe Wouwermans, représentant : cavaliers, amazones, piqueurs, pages, enfants et soldats, jeune paysanne venant prendre de l'eau à une fontaine antique, chiens courant et jouant dans de riants paysages à horizon très clair, encadrés de guirlandes de fleurs s'enroulant dans des ornements à palmes formant bordure et tissées en plein champ. XVIIIe siècle.

> 1re. Haut., 2 m. 70 ; larg., 1 m. 80.
> 2me. Haut., 2 m. 80 ; larg., 1 m. 35.

390 — Panneau en ancienne tapisserie d'Aubusson, décor d'après Oudry, représentant des cygnes surpris par un chien, dans un paysage traversé par un cours d'eau, avec pont de pierre et châteaux dans le lointain ; bordure à chutes de fleurs.

> Haut., 2 m. 80 ; larg., 3 m. 20.

391 — Panneau en ancienne tapisserie des Flandres, représentant un paysage accidenté, avec vue de châteaux dans le lointain ; bordure à fleurs et coquilles.

> Haut., 2 m. 75 ; larg., 2 m. 45.

392 — Panneau en ancienne tapisserie d'Aubusson, offrant des volatiles dans un paysage, avec vue de châteaux en perspective ; bordure à fleurs et feuillages.

> Haut., 2 m. 65 ; larg., 2 m. 90.

393 — Portière en tapisserie ancienne, représentant le dieu Pâris ; large bordure offrant des médaillons à figures de déesses, au milieu de branchages feuillagés.

> Haut., 2 m. 60 ; larg., 1 m. 70.

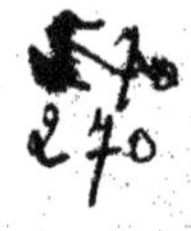

394 — PANNEAU en ancienne tapisserie, représentant des enfants jouant avec un chat et un oiseau, assis dans un paysage; bordure à oiseaux et chiens, au milieu de chutes de fleurs.

Haut., 2 m. 70; larg., 2 m. 20.

395 — GRANDE TAPISSERIE ancienne, représentant une ronde d'enfants dansant dans un paysage, aux sons de la flûte et du tambourin; bordure à chutes de fleurs et de feuillages.

Haut., 2 m. 80; larg., 4 mètres.

396 — PANNEAU en ancienne tapisserie, représentant des chasseurs à pied et à cheval dans un paysage, avec vue de châteaux en perspective; bordure à fleurs sur trois côtés.

Haut., 2 m. 90; larg., 3 m. 05.

397 — DÉCORATION DE BAIE, formée d'un grand bandeau et des deux pentes, en ancienne tapisserie de Bruxelles, représentant un médaillon à coquilles et des guirlandes de fleurs et de fruits, des bustes de personnages sur gaines enguirlandées. XVII° siècle.

398 — DEUX PENTES en peluche grenat.

399 — MAGNIFIQUE DÉCORATION de salon, représentant, brodé en très haut relief en satin, soie et or, une divinité sur un éléphant, se rendant à une pagode, un personnage diabolique au milieu de nuages et de flammes, dans un paysage fleuri, avec vol de cigognes, appliqué sur fond d'étoffe armurée bleu.

400 — PLAFOND de salon, composé d'un grand panneau, encadré de bandeaux et de frises en même étoffe, enrichis de broderies et d'applications représentant des dragons, des chimères en furie, des bouquets de fleurs, des groupes d'objets décoratifs en soie, satin et or.

401 — DÉCOR de fenêtre, de deux portes et d'une glace, en même étoffe bleue, amplement drapée, garnie de franges et de passementeries multicolores, et doublés d'étoffe rouge.

402 — ENVELOPPE DE CHEMINÉE assortie à la tenture, ornée d'applications et de broderies.

403 — DEUX JOLIES PORTIÈRES en soie brochée bleu pâle, dessin à fleurs et feuillages de toutes nuances, encadrées de peluche rouge frappée, doublées de tissus japonais orange à dessin métallique et garnies de franges.

404 — DESSUS DE PIANO A QUEUE, en peluche bleu paon encadrée d'une large bande en ancienne broderie orientale, dessin à fruits, feuillages et fleurs de toutes nuances sur fond écru, garni de franges multicolores et doublé de satin rouge.

405 — DESSUS DE COUSSIN en satin rose de Chine, brodé de fleurs, oiseaux et papillons.

406 — BELLE ROBE avec corsage et tablier, en brocart blanc argent sur fond rouge pâle, dessin à grands bouquets de fleurs. Époque Louis XV.

407 — OBJETS non catalogués.

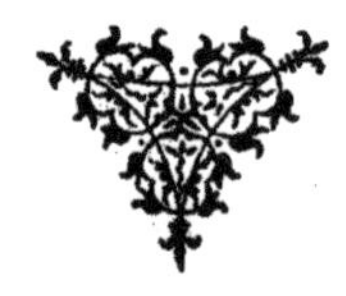